RÉFORME ÉLECTORALE.

DISCOURS

Prononcé le 25 août 1840 à un Banquet donné
par des ouvriers.

accompagné de réflexions:

Par MERLE (Jean-Mathieu.)

25 cent.

Marseille,

Imprimerie Terrasson, rue du Pavillon, 20.

Septembre — 1840.

Un comité réformiste vient d'être élu dans notre cité, et la presse locale semble être indifférente à cet événement; à peine, une annonce banale se glisse-t-elle dans nos journaux, quand toutes leurs colonnes devraient être consacrées à rendre compte des travaux de cette assemblée ! et pourtant, le Peuple a besoin d'être averti..... il a besoin d'apprendre ce qu'il est convenable de faire pour hâter, s'il y a moyen, l'heure où il pourra apporter, comme nos rentiers, sa boule au scrutin Électoral.

En livrant à la publicité ce discours et les réfle_xions qui y sont annotées (à la fin), je n'ai point prétendu en faire un objet de spéculation, ni voulu me produire : ils n'auraient jamais été imprimés si je n'avais cédé aux vives sollicitations de mes amis, qui m'ont persuadé qu'ils seraient propres à raffermir beaucoup d'opinions chancelartes.

Je n'ai pas hésité dès ce moment à les transmettre à mes concitoyens.

Que l'on n'exige pas une logique serrée, un classement d'idées, une beauté de style qui ne sont susceptibles de sortir que de la plume d'un écrivain de talent ; je ne suis qu'un prolétaire !...

Mais pour l'honneur de l'espèce humaine, je me plais à croire que l'on rencontrera dans mes paroles, un sentiment de philantropic, dont l'être le moins favorisé de jugement scrutera le fond et ne blâmera pas la pensée.

Certains hommes (les heureux d'ici bas) me jetteront la pierre de ce que je les attaque peut-être dans ma polémique.

Je les excuserai : je suis du peuple, j'ai souffert de ses douleurs et l'on ne peut m'imputer à crime d'en parler.

J'en parlerai donc un peu maintenant ; en attendant une occasion d'en parler plus longuement !

Réforme Électorale.

La France s'apprête à donner un noble exemple aux nations soumises au joug du despotisme; de toutes parts l'on entend chez elle des hommes généreux s'écrier vive la réforme ! Ne doutons pas que le pouvoir ne prête une oreille attentive à cet appel national, et, pour rendre plus éclatante une pareille manifestation , joignons notre voix à la leur et que l'élan soit général !...

La presse gémit chaque jour en faveur de la réforme; bien des écrivains ont sacrifié leurs veilles à développer les immenses résultats qui s'opéreraient par son aide; avec elle, viendra à la vérité, plus tard, mais infailliblement, la réforme Sociale ; la conséquence inévitable de cette *restitution* ne peut être niée ; c'est un fait incontestable ! On l'a prouvé !...

En traitant, à notre tour, cette grande question, nous ne redirons probablement que ce que d'autres on déjà dit; cependant, bien que nous ne prétendions pas apporter de nouvelles idées , nous pensons, que, dans l'état des choses, en présence des événemens , il est du devoir d'un bon citoyen de chercher à propager, autant que possible, par tous les moyens légaux , les lumières à cet égard dans toutes les classes infimes de la Société.

Qu'a pour but la réforme Électorale ?...
De placer à la disposition du plus grand nombre , les avantages qui sont la propriété exclusive de quelques capitalistes (1).

Il est urgent que les Ouvriers sachent, eux qui n'ont pas le temps d'aller se nourrir dans les journaux de progrès des idées de Propagande, ce que leur procurera, par la suite, une mesure de réforme adoptée (dans quel cercle étroit qu'elle soit renfermée). Il faut momentanément qu'ils le comprennent pour qu'ils en appuient en masse, la demande qu'on va porter aux pieds du trône.

Deux révolutions ont successivement ensanglanté le pays ; elles avaient été faites pour renverser des abus et conquérir l'Indépendance. On a dépassé le but sans y atteindre ; après bien des convulsions, après bien des souffrances, au jour de la victoire, nous nous sommes aperçus que loin d'avoir renversé les abus, nous les avions laissés subsister sous de nouveaux masques, et que nous n'avions d'Indépendance qu'un faux semblant ; à qui la faute ?...

Jetez un regard en delà du Rhin et de l'Océan..... et le squelette vivant de la Sainte-Alliance ! Vous éclaircira bien des points obscurs !

. . . .

Mais les amis de la liberté ne se sont point découragés. Ils n'ont pas reculé devant une nouvelle tâche, et ont envisagé dans l'Avenir une régénération Sociale, en jetant les bases de la véritable égalité ; ils ont salué l'auréole de gloire couronnant leurs travaux !

Alors, ils se sont levés et ont poussé le cri de réforme Électorale. Ils avaient mis le doigt dans la plaie et déjà les tyrans ont tremblé ; déjà, ils ont agité leurs brandons de discorde et ont machiné, dans l'ombre, pour étouffer ce cri (2) !....

Les insensés, ces monarques étrangers, ne se souviennent-ils pas que la France lutta, bien des fois, contre leurs armes réunies et les refoula au fond de leur antre sauvage !...

L'esprit qui l'animait alors, notre belle France, la fait tressaillir encore ; nos souvenirs ne sont pas tellement confus, tellement vieillis que de glorieux noms ne résonnent avec délire à nos oreilles !...

Oui, sans doute, l'on doit éviter les guerres qui sont le tourment des nations, mais si l'on nous y force notre, ardeur n'est point éteinte ; nous irons, comme par le passé, d'un bout de l'Europe à l'autre, et, cette fois, qu'ils y songent, que de peuples enchaînés pourraient briser leurs fers !...

L'étendard de la réforme Électorale est donc le fantôme qui glace d'effroi les Souverains absolus !... Qu'ils s'en épouvantent eux, mais, que Louis-Philippe, Roi des français, plein de confiance en nous, laisse cet étendard flotter majestueusement ; son front, protégé de son ombre, en sera plus auguste !...

Ivres de bonheur, les Français, l'entourant de leur égide, sauront défendre, contre les Alliés, le Monarque qui les aura dotés d'une plus large Constitution !...

Nous désirons la réforme Électorale, car, par elle, beaucoup de vices dont nous avons à déplorer l'existence disparaîtront à la longue !

Ils ne sauraient être extirpés aujourd'hui que le système parlementaire maintient le privilége.

Notre chambre des députés ne peut d'aucune façon songer à l'émancipation intellectuelle du prolétaire ; par la raison qu'elle se suiciderait en le faisant. (On ne se donne pas des coups à soi-même sans avoir perdu tout bon sens ; exiger que toute une caste aille ouvertement et de cœur et joie contre ses intérêts est le comble de la folie).

C'est seulement quand le pays sera représenté par le pays qu'on entrera sérieusement dans la voie des concessions ; quand des députés sortis des rangs de la classe moyenne ou inférieure, iront siéger sur les bancs de la chambre, que des lois favorables aux ouvriers seront promulguées ; car, qu'on ne soutienne pas qu'à présent le peuple est bien partagé, tant pour l'éducation que pour l'aisance :

L'éducation n'est accessible que pour un petit nombre de prolétaires, et, obtenue par de durs sacrifices, elle est d'une nature différente de celle dont les riches disposent pour leurs enfans !

En voyant combien de misère pèse sur les hommes de peine, pour peu qu'ils aient de famille. Aurons-nous le courage de vanter leur aisance ?

Que l'on veille à leur éducation, que l'on augmente leurs salaires, et l'on rétablira l'équilibre qui, dérangé, fait que la balance penche trop vers l'Aristocratie.

Eh ! bien, on n'obtiendra rien de tout cela sans une réforme Électorale.

Combien aurons-nous à nous en applaudir de l'avoir appelée de tous nos vœux, si un jour elle nous est concédée !

Grace à elle, nous verrons arriver, au bout de quelques années, la confiance au sein des populations, et la société ne sera plus une arène où deux athlètes se ruent sans cesse l'un sur l'autre jusqu'à ce que le plus faible, en succombant vaincu, demeure esclave.

Que voyons-nous dans ce monde ? Des *exploiteurs* et des exploités ! . . . .

A travers quelques bonnes qualités qui devraient être cultivées chez les *exploiteurs*, on s'aperçoit que l'égoïsme les ronge et paralyse leur bras à l'approche d'un infortuné (les exceptions sont trop rares pour détruire mon assertion !) Ils ont suivi de mauvais exemples et par une pente glissante.... ils sont allés.... trop loin.

Les nobles inspirations de la vertu et de la justice sont venues expirer contre l'amour de soi, mal entendu ! Ils ont pensé nous vivons, que nous importe le reste ; honte éternelle ! Vous vivez, mais jetez un coup d'œil sur ces malheureux qui n'ont pas de pain pour apaiser leur faim (3), et ne croyez pas qu'il soit impossible que votre tour ne vienne jamais.... un revers de fortune, et la même misère vous accablera.... Vous n'aurez que ce que vous aurez mérité !

. . . .

Les exploités ont aussi leur égoïsme, et voilà le pire !...

. . . .

A l'aspect de cette lèpre affreuse qui nous morbifie, recevons comme un baume efficace la réforme !... Elle réformera nos mœurs !...

Elle ressuscitera nos croyances (4).

Elle répandra partout l'instruction, l'instruction qui est si mal répartie !...

L'éducation bien dirigée chez tous, nous ramenera aux sentimens de la morale; sans elle, aucun succès de régénération (régénérer signifie purifier) (5).

Pourquoi l'éducation bien dirigée nous ramènera-t-elle à la morale et par là au bien être général ?

Parce qu'étant bien dirigée elle changera un jour le mode

de l'instruction publique qui sera alors gratuite, commune et unitaire (6).

(Par conséquent, le père et la mère enverront leurs enfans aux écoles sans être contraints d'épuiser leurs ressources, pour leur entretien spirituel.

Et il n'y aura plus les diverses catégories d'écoles de 1er, 2e et 3e degré, de colléges ou de séminaires, etc. Mais des universités.

Des universités, où la science, n'étant plus vendue au de l'or, sera infusée à tous indifféremment.

Des universités, où des professeurs, pour aspirer à leur charge auront subi d'abord de rigoureux examens, tant sur leurs connaissances que sur leur moralité, et n'auront été admis qu'à bon escient.

Des universités, où ces instituteurs, ne pourront enseigner qu'une seule chose, celle pour laquelle ils se montreront le plus profonds, le plus habiles, le plus érudits.

Des universités, où l'homme, dès l'âge le plus tendre, sera sondé sur sa vocation ; où l'on examinera avant de donner une direction quelconque à son esprit, s'il est propre à devenir homme de plume ou homme de travail mécanique, etc. et que, tout en lui inculquant les notions préliminaires, plus, la connaissance de ses droits, on ne le lancera pas dans une carrière opposée à ses goûts, à son organisation, à son génie. Dès ce moment, nous ne remarquerons plus des intelligences hors de leur place, des bizarreries dans les positions.

Chacun, se trouvant dans sa sphère, ira droit devant lui et ne pourra qu'atteindre le but de prédilection :

Le tailleur sera tailleur,

Le maçon........ maçon,

Le marin......... marin,

Le cordonnier.. cordonnier,

Et non, poète, peintre, sculpteur, musicien, etc. *Et vice versa*.

Et par cela même, l'oisiveté ne sera plus autant reprochée à bon nombre de personnes qui y sont entraînées par leur constitution physique ou leur organisation morale (7), rarement en rapport avec leur état.

Parce qu'enfin, les hommes ayant humé les mêmes principes auront les mêmes convictions ; ils entreront dans le monde dégagés de cette antipathie, de ces susceptibilités ou préjugés, de ces rivalités qui les désunissent et les tiennent toute leur vie en hostilité les uns contre les autres! Ils se tendront mutuellement une main amie et sécourable!)

Pour adopter un nouveau système d'éducation, il faut qu'on en prévoie la bonté et la supériorité sur l'ancien.

Il est nécessaire que le ministère s'en occupe.

Il ne s'en occupera que quand il ne trouvera pas opposition dans les chambres des députés.

La chambre ne fera pas opposition, quand elle sera composée, en partie, d'hommes tirés des classes moyennes et nommés par les classes infimes.

Où nous amenera-t-elle, la réforme Électorale, n'est-ce pas à créer des députés plus populaires, qui comprendront mieux nos besoins ?... donc, sans réforme Électorale, nulle réforme Sociale. C'est pourquoi, il convient que nous manifestions nos sympathies pour elle. Toutefois manifestons-les de manière à ce qu'on ne nous accuse pas, avec quelque fondement, de susciter la division et le trouble ; d'être, en un mot, des agitateurs. Les émeutes en effrayant nos gouvernants les forceraient à nous refuser ce qu'ils sont peut-être disposés à nous accorder, et les contraindraient à retarder, par des moyens violents et rétroactifs, l'heure de notre émancipation, s'étayant de ce que nous ne serions pas mûrs pour la liberté (8).

Une attitude noble et calme, mais énergique, nous fera plus gagner que toutes les ridicules fanfaronades.

Demandons la réforme Électorale, demandons la unanimement, car le bel horizon qui vient de se montrer à nos yeux ne se couvrira de ses teintes dorées que quand nous en aurons enfoncé les premiers jalons.

Demandons là, parce qu'elle nous est due de droit, et qu'il n'est pas juste que nous prodiguions nos sueurs, et versions notre sang pour l'état sans en être dédommagés par la consolation de pouvoir participer à choisir les représentans qui *doivent* le gouverner.

Demandons la, en exprimant toute notre reconnaissance à ces quelques hommes d'abnégation sublime, qui ont oublié qu'ils appartenaient à l'Aristocratie, par leur fortune et leur rang, en embrassant avec effusion notre cause ; ne comptant pour rien les nombreux sacrifices que leur noble conduite leur imposait, et se jugeant assez recompensés en

recevant, parfois, les témoignages d'estime et les homma-
ges de leurs compatriotes.

Demandons la, en pardonnant à ceux qui les premiers
crurent devoir en déployer le drapeau, et qui n'ont pas osé
l'arborer !... Ils ne tarderont guère à revenir sur leurs pas!...

Demandons là, en fraternisant avec cette jeunesse instruite
et patriote, de toutes les classes moyennes en général, qui
n'est pas purulente encore du hideux égoïsme, qui sent un
cœur chaud battre dans sa mâle poitrine, et qui dit parfois
avec émotion, assaillie par ses illusions *juvéniles*, et pourquoi ne serions-nous pas tous heureux ?

Car, ce ne sont pas des fourbes Ambitieux cherchant à
nous égarer ; pactisons avec eux, et, quand, dans toutes
nos cités, le cri de réforme retentit, prouvons que nous
sommes à la hauteur des circonstances.... que les Marseillais
sont civilisés ; crions tous ensemble, de toute la puissance
de nos poumons ! vive la réforme Électorale !.....

NOTES.

(1) Énumérerons - nous ces avantages ? La nomenclature en
serait trop longue pour trouver place dans cette courte bro-
chure , au reste qui ne s'en fait une idée , qui n'en apprécie
l'importance.

Nous nous bornerons à désigner la faculté de voter dans
colléges ? Comme en étant l'un des plus précieux ; qu'il nous
importe de nous procurer au plustôt !

(2) Les autocraties russes , prussiennes et autrichiennes se sont
liguées sous main contre la France , parce que , pour elles ,
il y va de leur existence politique ; elles ont merveilleuse-
ment compris que le Roi des Français, méprisant leurs vaines
menaces , et suivant une impulsion constitutionnelle , c'en
était fait à jamais de leur autorité sur les peuples de l'Europe
courbés sous leur joug infâme. Elles se sont effrayées de l'attitude de notre propagande , et ont essayé de jouer à pile ou
face ! C'est jouer gros jeu !

Tenons-nous sur nos gardes , tout en ayant pitié de leur
démence !...

L'Angleterre n'est entrée dans leur querelle que par res-
sentiment envenimé , que par jalousie et convoitise contre la
France ! Toujours la même !...

Abattre notre pavillon ou du moins le déconsidérer ; pré-
dominer sur toutes les puissances ; se frayer à tout prix , et
par tous les moyens , une route plus courte dans les Indes ,
pour la prospérité de son commerce , et cela, au détriment de
toutes les nations : voilà ou tend sa politique ! Voilà l'objet
unique de ses vœux !...

Son hypocrisie n'est point occulte ! Si elle engage la lutte
malheur à elle !...

En attendant , vouons une haine éternelle au cabinet
anglais !

(3) Il ne serait pas rationnel de combattre la vérité de ce que nous avançons sur l'indigence de l'homme laborieux en désignant comme une preuve vivante du contraire certains ouvriers à Marseille qui jouissent en apparence d'une modeste aisance. L'apparence est trompeuse, que ces ouvriers restent un mois sans ouvrage et la misère paraîtra dans son horrible nudité.

Marseille pourtant est une ville d'un commerce étendu, rarement peu prospère.

Pourtant, ses ouvriers sont économes ; le *nec plus ultra* de leur aisance les conduit, donc actuellement, malgré leur sage économie, malgré une prospérité tout fraîchement disparue, à être sans ressources au bout de quelques semaines d'inanition, par manque de travail.

(4) Nous nous cramponnons à la réforme Électorale afin de redonner la foi, de reparer les forces, d'augmenter le courage de ceux que les déceptions ont découragés, affaiblis et démoralisés, au point de médire de leur propre cause et de quitter la partie.

Que de jeunes héros de Juillet, enthousiastes partisans de la liberté en 1830, ont abjuré par dépit, par colère, par amertume, leurs nobles convictions !

Ils n'ont nié la possibilité d'un radicalisme, que dégoûtés par les menées de quelques intrigants, dont les roueries, ont barré passage au bon vouloir du souverain.

(5) La morale ne doit pas être seulement infusée dans les familles de la classe moyenne et dans les basses classes, il est de toute nécessité qu'elle pénètre aussi dans les hautes régions, qu'elle puisse s'y introniser et y servir d'enseigne aux prolétaires.

Purifiez, et vous causerez un bien incalculable.

Purifiez, et bien des invraisemblances acquerront de la *vraisemblance*.

Purifiez, et que d'utopies deviendront des réalités.

On nous traite d'utopistes parce que nous faisons envisager à nos concitoyens un avenir meilleur ou chacun dans la société pourra espérer des allègements à ses souffrances et aspirer à jouir des prérogatives que l'on ne saurait lui refuser sans crime : les droits politiques, qu'un certain nombre d'individus peuvent seuls exercer maintenant !

Où il pourra espérer sa part de félicité sur la terre :

L'on admet la chose impossible ;

Le vice est inhérent à l'homme , et l'on en conclut tout aussitôt que n'étant jamais réprimé, il sera toujours un un obstacle au bien être général.

Les forts opprimeront toujours les faibles.

Les capables domineront toujours les incapables.

En un mot, l'ambition , mettra toujours à la merci de quelques uns le bonheur de tous.

Tâchez de vous tirer de là :

Un cultivateur à planté des arbres fruitiers qu'il a intention d'élever avec soin. Que fera-t-il s'il veut les faire croître en grosseur et en beauté ?

À mesure qu'ils grandiront il redressera leur tige.

Il taillera et émondera leur cime.

S'il y a quelque herbe parasite qui se nourisse à leur engrais , il l'arrachera aussitôt.

Au bout d'un certain temps , en agissant de cette manière, n'aura-t-il pas un superbe verger, qui lui rapportera plus que s'il ne l'avait pas cultivé ?

Donc : si un législateur qui aurait en vue le bien du peuple voulait prendre de sages mesures et extirper les vices chez les hommes à leur naissance , n'aurait-il pas dans la suite , à force de soins , de meilleurs résultats que s'il les laissait germer et multiplier ?

Résumons :

Que les gouvernans établissent les bases d'une société nouvelle en élevant dans de bons principes et en instruisant cette partie de la population que l'on qualifie dédaigneusement de vulgaire , et que l'on abandonne à son ignorance , et dans trente ans , et moins , l'on sera fort étonné de la voir (bien pensante, éclairée, peu disposée à écouter de trop perfides démagogues, encore moins disposée à s'armer et à combattre pour le fanatisme) laisser sans crainte se pourrir une société corrompue, n'ayant d'autre souci que de changer sans secousses terribles la face de l'édifice Social.

Alors ce que l'on se plaît à dépeindre comme les élucubrations d'un cerveau exalté , deviendra du positivisme.

Mais en admettant qu'on ne parvînt point à une perfection, de grandes améliorations se seraient fait sentir pour le prolétaire , et n'est-ce rien , que cela ?...

(6) Rendre l'éducation gratuite commune et unitaire, c'est la rendre égale pour tous ; c'est repousser la confusion d'idées, l'anarchie d'opinions qui nous divisent.

L'on objectera que l'éducation ne peut être semblable pour tous, chacun étant appelé à remplir un rôle différent dans la société par sa conformation.

La nature de l'instruction sera différente ; mais les principes, qui en seront le pivot, seront les mêmes.

Cela ne peut venir tout d'un coup, mais avec le temps...

On n'a point encore assez raisonné la cause des désordres sociaux ; les uns l'ont envisagée dans l'effet résultant de trop de lumières répandues parmi les esprits, les autres dans le pas assez.

Lesquels de ces idéologues ont-ils eu raison ?

Je ne sais, mais j'ai peur que de part et d'autres l'on n'ait pas soupçonné la vraie cause du malaise qui enfante les révolutions.

Je pense que le trop ou le pas assez ne sont pour rien là dedans.

Le mal est dans la mauvaise répartition :

Il y a une multitude d'ignorants, souvent dévorés de passions, abandonnés à eux-mêmes.

Il y a des ambitieux, et des enthousiastes !

Les ambitieux se servent des enthousiastes et poussent par leur aide la foule ignorante et aveugle.

Ceux-ci ordonnent... Celle-là exécute.

La foule n'exécuterait pas si elle était éclairée.

Voilà le secret des révolutions !

D'autres vous diront encore qu'en éclairant la multitude on procéderait au désordre flagrant, irrémédiable par l'effet de l'agglomération de capacités, sur un même cadre, qui produirait encombrement.

Tous voudront les plus hauts emplois, chacun s'imaginant être à même de les occuper.

Nous répondrons à cela.

Les capacités ne sont point homogènes.

Dans leur variété, sont-elles de premier ordre ?

Non, il y a des nuances.

Donc, tous les hommes n'embrasseront pas la même pro ·
fession.

Donc, tous ne parviendront pas à l'apogée.

Nous en déduirons, que, supposé que nous parvenions à
obtenir d'être tous éclairés ; nous n'en bouleverserons pas
pour cela plus qu'à présent l'ordre des choses.

Nous nous renfermerons dans notre spécialité dès que
nous serons persuadés qu'en dévier nous perdrait sans
ressources.

Nous entendons nous renfermer dans notre spécialité,
c'est-à-dire, non demeurer éternellement emprisonnés dans
le cercle où le destin nous aurait placés, mais adopter la dé-
marcation que nous auraient tracée nos idées, y circuler
librement et ne pas aller ailleurs.

Alors l'on ne se plaira plus à nous *rabâcher* qu'il faut se
donner garde de trop instruire le prolétaire, de peur qu'il ne
veuille plus coopérer à l'élaboration industrielle, en étant
agriculteur ou artisan quelconque. Aujourd'hui, cela se
conçoit, que les hommes opulents sont si hautains et si peu
portés à soulager les ouvriers, *à quelques exceptions près*.

Aujourd'hui, que c'est à qui montrera le plus de dédain
pour eux.

(Toutefois, d'où sont sorties toutes nos célébrités, si ce
n'est de leur sein ?)

Aujourd'hui, cela s'explique ! Mais, si les ouvriers sont
enfin mieux considérés, s'ils ont la certitude qu'ils pourront
tout aussi bien épargner dans leur état, comme dans tout autre, de quoi subsister dans leur vieillesse, après avoir élevé
honorablement leurs enfans, pourquoi ne seraient-ils pas a-
griculteurs ou artisans ! Et si dans quelques années, comme
dans des siècles, l'association terrasse le monopole, les
ouvriers diminueront-ils ?...

L'avenir nous fixera là-dessus.

(7) On flétrit du nom de fainéant, quelqu'un que l'on ne verra
pas plier continuellement sous le fardeau, d'un aube du jour
à l'autre ; nous avons l'intime persuasion que bien que l'épi-
thète soit dûe à certaines gens, elle n'en est pas moins impi-
toyablement injuste pour d'autres.

Avant de taxer un homme de fainéantise , ne serait-il pas plus sensé d'examiner au préalable, s'il est réellement poussé à la paresse par son organisation corporelle, ou intellectuelle, en un mot , si ses forces ou son esprit ne lui font pas une loi du repos qu'il aime à se procurer par intervalle ?

La constitution physique et morale d'un individu est pour beaucoup dans le plus ou moins d'énergie qu'il déploie dans l'exercice de sa tâche ou de ses fonctions, à quel échelon social qu'il soit posé.

Mettons en parallèle deux hommes , tous deux d'un type de conformation différente.

Le premier est robuste , son cerveau est étroit , obtus.

Le second est grêle et débile , son cerveau est large et bien organisé , *abstraction faite de quelques aberrations du docteur Gall et consorts.*

Par opposition aux lois de l'économie Animale et de l'harmonie politique , plaçons ces hommes dans une voie qui leur est antipathique parce qu'elle est contre leur nature.

L'homme bien constitué et d'un épais entendement livrons le aux sciences abstraites.

L'homme sans forces et d'intelligence supérieure , courbons le nuit et jour sous le poids d'un lourd fardeau.

Qu'en résultera-t-il ?

Le premier deviendra fou ou imbécille , s'il ne s'arrête à temps.

Le second succombera épuisé , mourra étique ou pulmonaire, s'il n'a pu se tirer du bourbier ou le hasard l'aura placé et où sa position et son éducation l'auront laissé enfoui ; car pour ce dernier , il n'y aura pas de relâche pour lui , sans encourir le blâme de ses voisins ; s'il se repose un jour, il sera considéré avec mépris par ses compagnons, plus forts que lui , qui, s'il meurt jamais de misère , diront avec indifférence ; c'était un fainéant , il abandonnait son ouvrage , tant pis pour lui.

Pourtant si l'éducation et notre ordre social les avaient dirigés où leur instinct les poussait en principe , le premier aurait été artisan aisé ;

Le second , homme d'esprit, aurait pu faire avancer la science d'un pas de plus.

Eh bien ! ces anomalies vicieuses existent, l'œil le moins observateur le moins clairvoyant peut les apercevoir !

(8) Combien grand serait notre chagrin si l'on avait droit de nous traiter d'anarchistes , nous qui reculons toujours devant un acte illégal. . . . .

Nous ne sommes point perturbateurs.

Mais nous voulons des changemens notables dans la condition de la classe ouvrière , et pour cela, nous intercédons auprès des membres de la haute classe pour un peu plus de commisération envers ceux qui sont moins favorisés qu'eux.

En retour, nous invitons les ouvriers à ne pas se laisser séduire par des hommes de parti ; à quoi bon , dans notre France , adopter cent bannières différentes et neuf cents fois autant de chefs. Avant de nous subdiviser, unissons-nous !

Ne dissuadons pas nos ennemis de l'opinion qu'ils ont que nous progressons réellement.

Riches et puissants , sachez aussi, que quand chaque individu se considérera comme partie intégrante d'un tout qu'on ne peut fractionner, sous peine d'en diminuer la valeur ; il sera attaché, sincérement, à ce tout comme à ses parties isolées.

Calculez ce que cela vous produira et dites avec nous , en vous montrant plus humains , envers vos semblables , servir la cause de son prochain , c'est servir la sienne propre.

www.ingramcontent.com/pod-product-compliance
Lightning Source LLC
Chambersburg PA
CBHW071700030726

47598CB00005B/2165